AF175501

Impressum
Verlag: BABADADA GmbH, Nedderfeld 112 , 22529 Hamburg
Geschäftsführer / Verlagsleitung: Harald Hof
Druck: Books on Demand GmbH, In de Tarpen 42, 22848 Norderstedt

Imprint
Publisher: BABADADA GmbH, Nedderfeld 112 , 22529 Hamburg, Germany
Managing Director / Publishing direction: Harald Hof
Print: Books on Demand GmbH, In de Tarpen 42, 22848 Norderstedt

學校

colegio

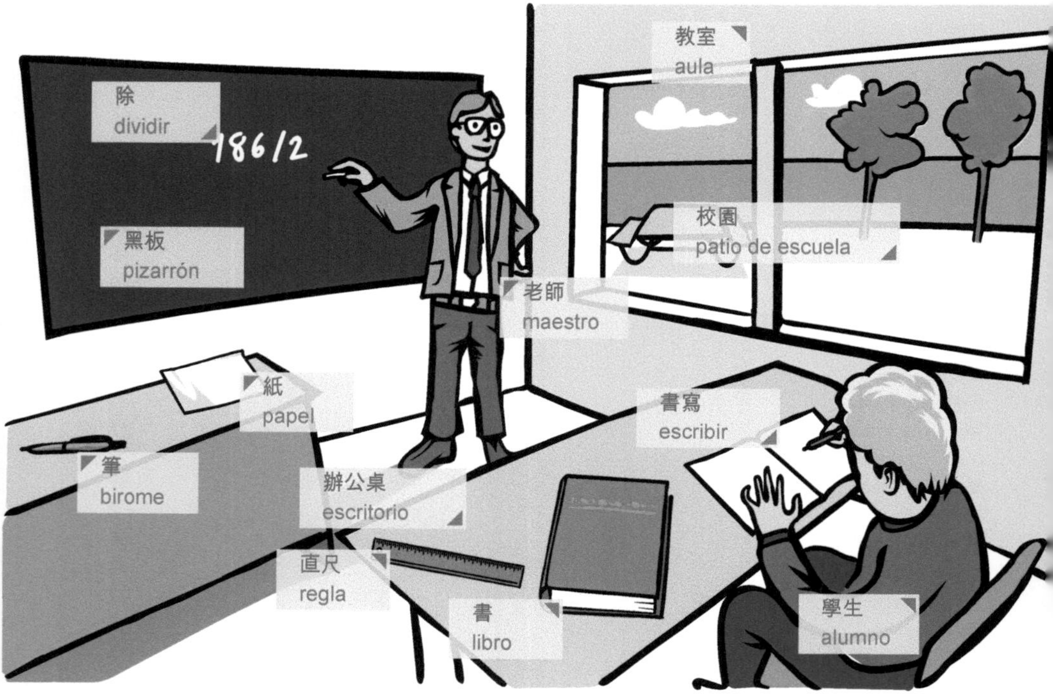

教室
aula
除
dividir
186/2
校園
patio de escuela
黑板
pizarrón
老師
maestro
紙
papel
書寫
escribir
筆
birome
辦公桌
escritorio
直尺
regla
書
libro
學生
alumno

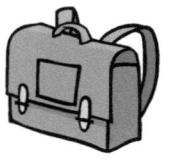

書包
mochila

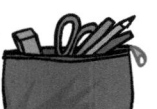

鉛筆盒
caja de lápices

鉛筆
lápiz

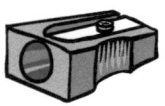

削鉛筆機
sacapuntas

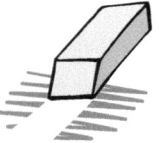

橡皮擦
goma (de borrar)

畫板
bloc de dibujo

圖畫
dibujo

畫筆
pincel

顏料盒
caja de pinturas

剪刀
tijera

膠水
pegamento

練習冊
cuaderno de ejercicios

家庭作業
tarea

12

數字
número

2+2

加
sumar

5-2

減
restar

2×2

乘
multiplicar

計算
calcular

A

字母
letra

ABCDEFG
HIJKLMN
OPQRSTU
VWXYZ

字母表
abecedario

hello

字
palabra

課文
texto

讀
leer

粉筆
tiza

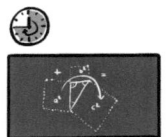

上課
lección

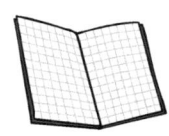

登記
cuaderno de clase

考試
examen

證書
certificado

校服
uniforme escolar

教育
educación

百科全書
enciclopedia

大學
universidad

顯微鏡
microscopio

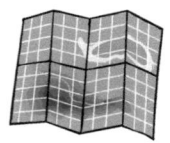

地圖
mapa

廢紙簍
tacho (de basura)

旅行
viaje

飯店
hotel
Grand
青年旅社
hostel
ROOMS
外幣兌換處
casa de cambio
手提箱
valija
汽車
auto

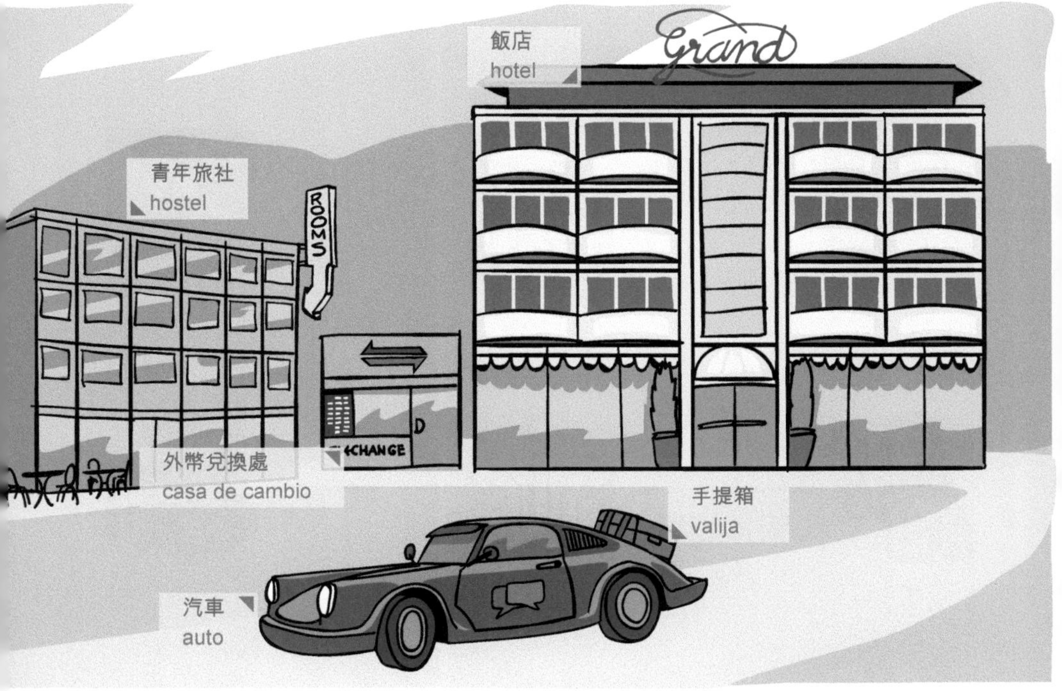

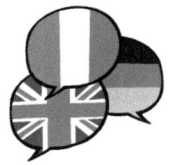

語言

idioma

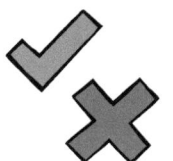

是/否

sí / no

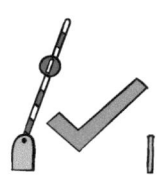

好的

Está bien

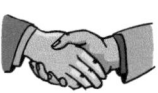

您好

hola

翻譯人員

traductor

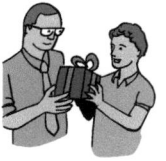

謝謝

Gracias

……多少錢？

¿cuánto cuesta…?

我不明白

No entiendo

問題

problema

晚上好！

¡Buenas tardes!

早上好！

¡Buenos días!

晚安！

¡Buenas noches!

再見

adiós

方向

dirección

行李

equipaje

包

bolso

背包

mochila

客人

invitado

房間

habitación

睡袋

bolsa de dormir

帳篷

carpa

旅行資訊

información turística

海灘

playa

信用卡

tarjeta de crédito

早餐

desayuno

午餐

almuerzo

晚餐

cena

票

pasaje

電梯

ascensor

郵票

sello

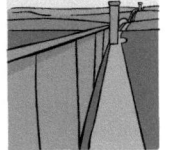

邊界

frontera

海關

aduana

大使館

embajada

簽證

visa

護照

pasaporte

交通運送
transporte

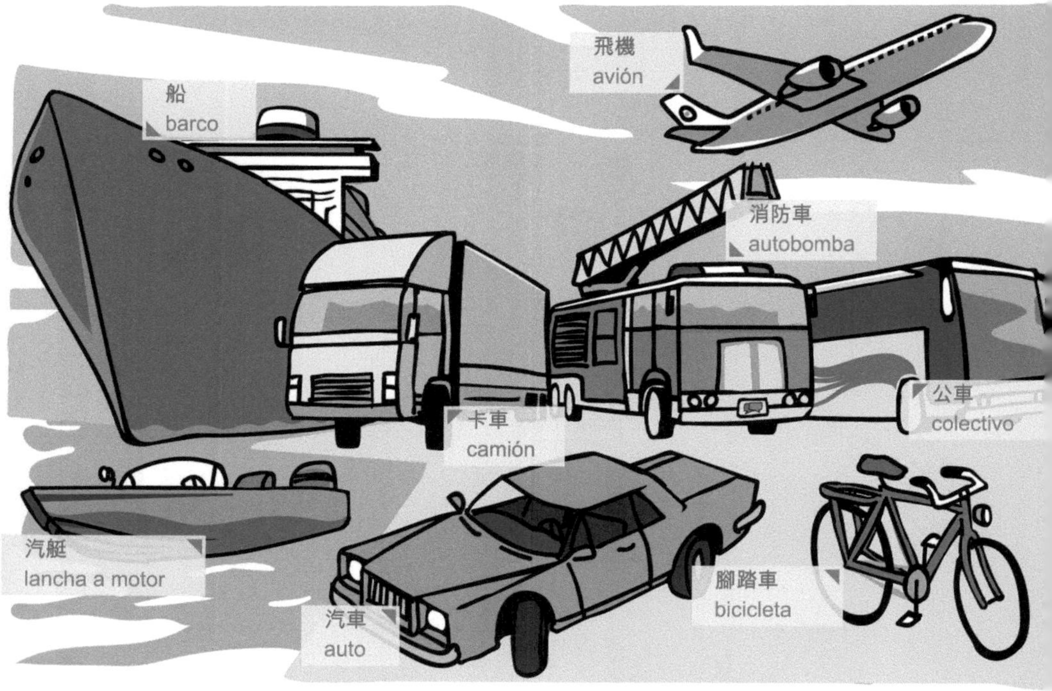

飛機
avión
船
barco
消防車
autobomba
公車
colectivo
卡車
camión
汽艇
lancha a motor
腳踏車
bicicleta
汽車
auto

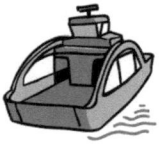

渡輪
ferry

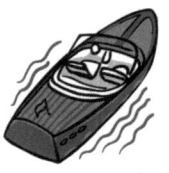

小船
bote

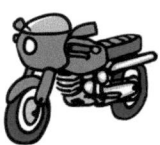

機車
moto

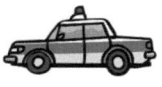

警車
patrullero

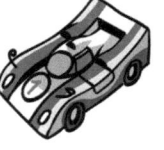

賽車
auto de carreras

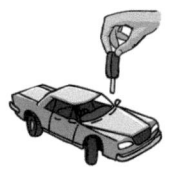

租車
auto de alquiler

拼車
alquiler de autos

拖車
grúa

垃圾車
camión de basura

馬達
motor

汽油
nafta

加油站
estación de servicio

交通標識
señal de tránsito

交通
tránsito

交通堵塞
embotellamiento

停車場
estacionamiento

火車站
estación de tren

軌道
vías

火車
tren

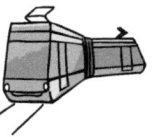

路面電車
tranvía

客車廂
vagón

交通運送 - transporte

9

直升機

helicóptero

機場

aeropuerto

塔

torre

乘客

pasajero

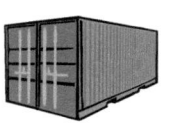

集裝箱

contenedor

紙板箱

caja de cartón

手推車

carretilla

籃子

canasta

起飛/降落

despegar / aterrizar

城市

ciudad

村莊

pueblo

市中心

centro de ciudad

房子

casa

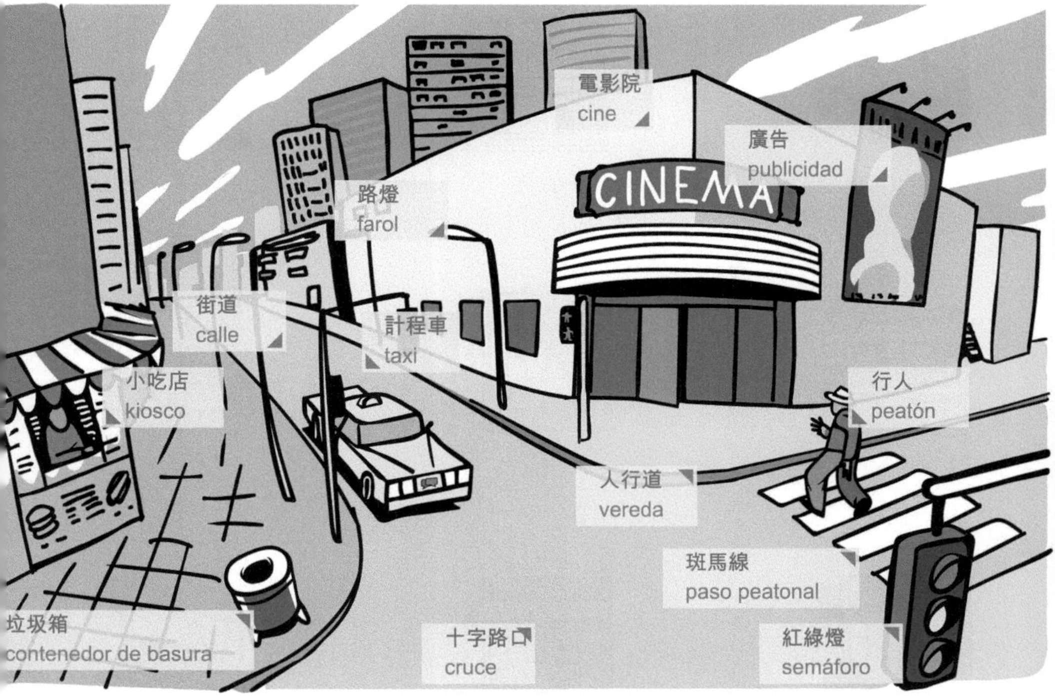

電影院
cine

廣告
publicidad

路燈
farol

街道
calle

計程車
taxi

小吃店
kiosco

行人
peatón

人行道
vereda

斑馬線
paso peatonal

垃圾箱
contenedor de basura

十字路口
cruce

紅綠燈
semáforo

小屋

cabaña

公寓

departamento

火車站

estación de tren

市政廳

municipalidad

博物館

museo

學校

colegio

大學

universidad

銀行

banco

醫院

hospital

飯店

hotel

藥房

farmacia

辦公室

oficina

書店

librería

商店

negocio

花店

florería

超市

supermercado

市場

mercado

百貨商店

grandes tiendas

魚店

pescadería

購物中心

centro comercial

海港

puerto

公園

parque

長凳

banco

橋

puente

樓梯

escaleras

捷運

subte

隧道

túnel

公車站

parada del colectivo

酒吧

bar

餐館

restaurante

郵筒

buzón

路標

letrero

停車計時器

parquímetro

動物園

zoológico

游泳池

pileta

清真寺

mezquita

農場

granja

污染

contaminación

基地

cementerio

教堂

iglesia

操場

juegos infantiles

寺廟

templo

地形

paisaje

樹葉
hoja

指示牌
poste indicador

路
camino

草地
pradera

石頭
piedra

徒步旅行者
excursionista

樹
árbol

河
río

草
hierba

花
flor

峽谷

valle

丘陵

montaña

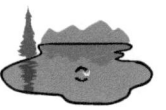

湖

lago

森林

bosque

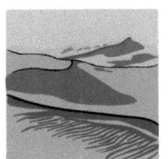

沙漠

desierto

火山

volcán

城堡

castillo

彩虹

arco iris

蘑菇

champiñón

棕櫚樹

palmera

蚊子

mosquito

蒼蠅

mosca

螞蟻

hormiga

蜜蜂

abeja

蜘蛛

araña

甲蟲

escarabajo

青蛙

rana

松鼠

ardilla

刺蝟

erizo

野兔

liebre

貓頭鷹

lechuza

鳥

pájaro

天鵝

cisne

野豬

jabalí

鹿

ciervo

麋鹿

alce

水壩

presa

風力發電機

aerogenerador

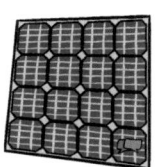

太陽能電池板

panel solar

氣候

clima

餐館
restaurante

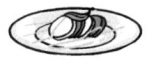

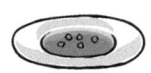

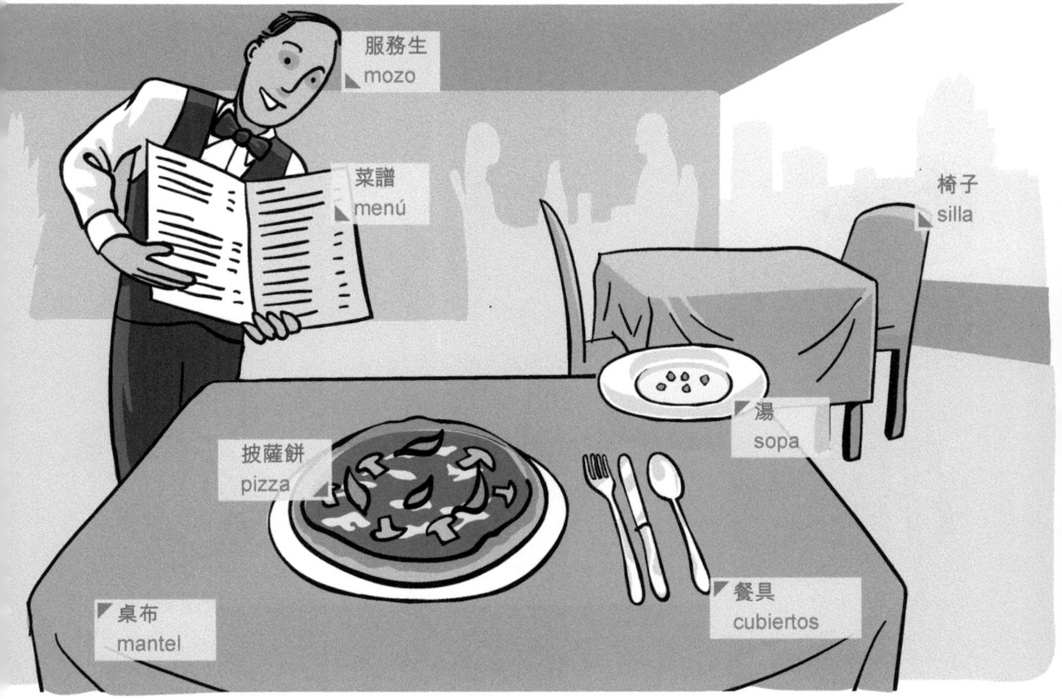

服務生
mozo
菜譜
menú
椅子
silla
湯
sopa
披薩餅
pizza
餐具
cubiertos
桌布
mantel

前菜

entrada

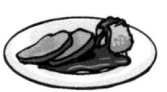

主菜

plato principal

甜點

postre

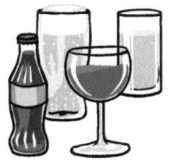

飲料

bebidas

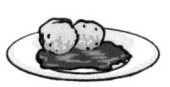

食物

comida

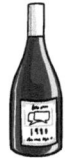

瓶子

botella

速食

comida rápida

街邊小吃

comida callejera

茶壺

tetera

糖盒

azucarera

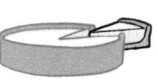

一份飯菜

porción

義式咖啡機

cafetera expreso

高腳椅

sillita alta

帳單

cuenta

托盤

bandeja

刀

cuchillo

餐叉

tenedor

勺子

cuchara

茶匙

cucharita

餐巾

servilleta

玻璃杯

vaso

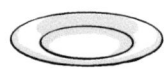

碟子

plato

湯盤

plato hondo

碟子

plato

醬

salsa

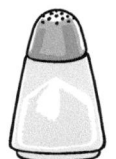

鹽瓶

salero

胡椒研磨罐

molinillo de pimienta

醋

vinagre

食用油

aceite

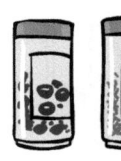

調味料

especias

番茄醬

kétchup

芥末

mostaza

美乃滋

mayonesa

超市

supermercado

特價
oferta especial
FOR
顧客
cliente
乳製品
lácteos
水果
fruta
購物車
changuito

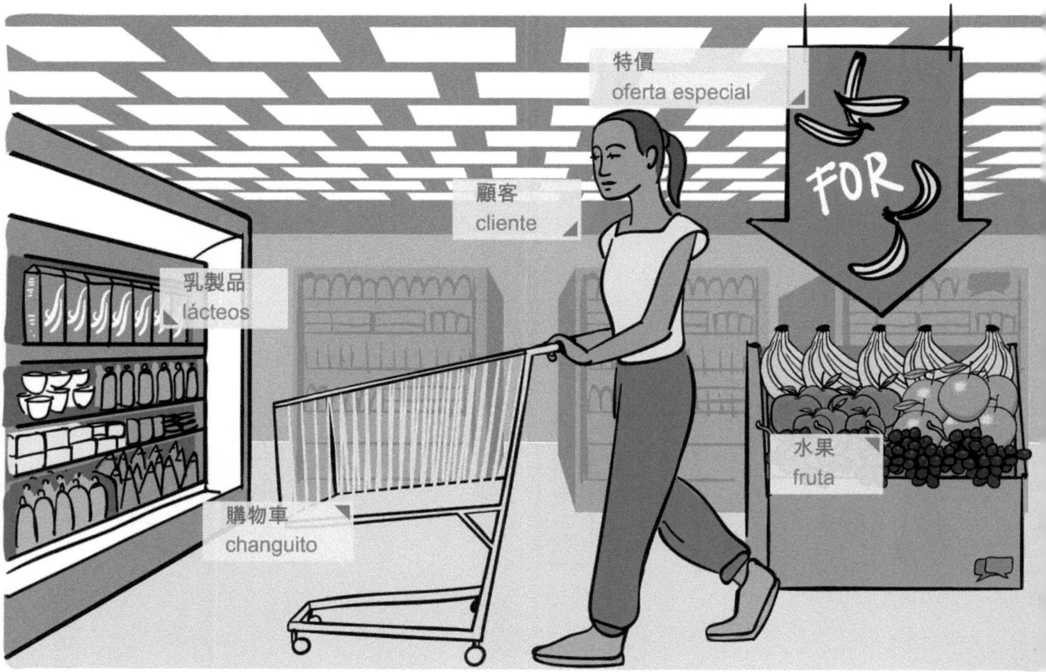

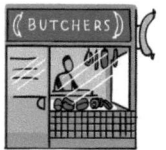

BUTCHERS

肉鋪

carnicería

BAKERY

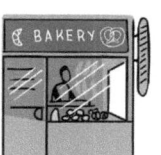

麵包店

panadería

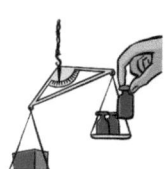

稱重

pesar

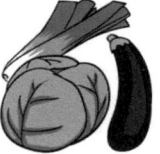

蔬菜

verduras

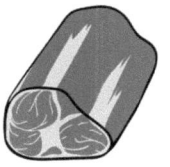

肉

carne

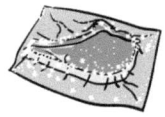

冷凍食品

alimentos congelados

冷盤
fiambres

罐頭食品
alimentos enlatados

洗衣粉
detergente en polvo

甜食
golosinas

日用品
electrodomésticos

清潔用品
productos de limpieza

銷售員
vendedora

收銀機
caja

收銀員
cajero

購物清單
lista de compras

開放時間
horario de atención

錢包
billetera

信用卡
tarjeta de crédito

袋子
cartera

塑膠袋
bolsa de plástico

水

agua

果汁

jugo

牛奶

leche

可樂

bebida cola

紅酒

vino

啤酒

cerveza

酒

alcohol

可可

cacao

茶

té

咖啡

café

義式濃縮咖啡

café expreso

卡布奇諾

cappuccino

香蕉

banana

蘋果

manzana

柳丁

naranja

西瓜

melón

檸檬

limón

胡蘿蔔

zanahoria

大蒜

ajo

竹子

bambú

洋蔥

cebolla

蘑菇

champiñón

堅果

nueces

麵條

fideos

義大利麵

tallarines

米飯

arroz

沙拉

ensalada

薯條

papas fritas

炸馬鈴薯

papas fritas

披薩餅

pizza

漢堡

hamburguesa

三明治

sándwich

炸豬排

churrasco

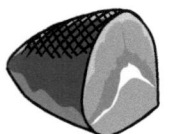

火腿

jamón

義大利臘腸

salame

香腸

salchicha

雞肉

pollo

烤肉

asado

魚

pescado

燕麥片

copos de avena

麵粉

harina

麵包

pan

奶油

manteca

蛋

huevo

muesli

玉米片

copos de maíz

牛角麵包

medialuna

吐司

tostada

凝乳

cuajada

煎蛋

huevo frito

麵包捲

pancito

餅乾

galletitas

蛋糕

torta

起司

queso

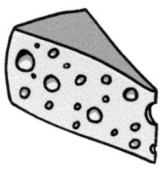

冰淇淋

helado

糖

azúcar

蜂蜜

miel

果醬

mermelada

巧克力醬

pasta de chocolate

咖哩

curry

農場
granja

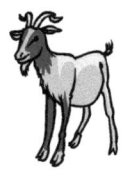

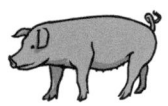

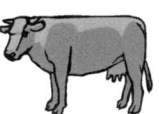

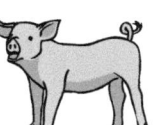

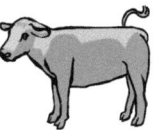

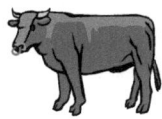

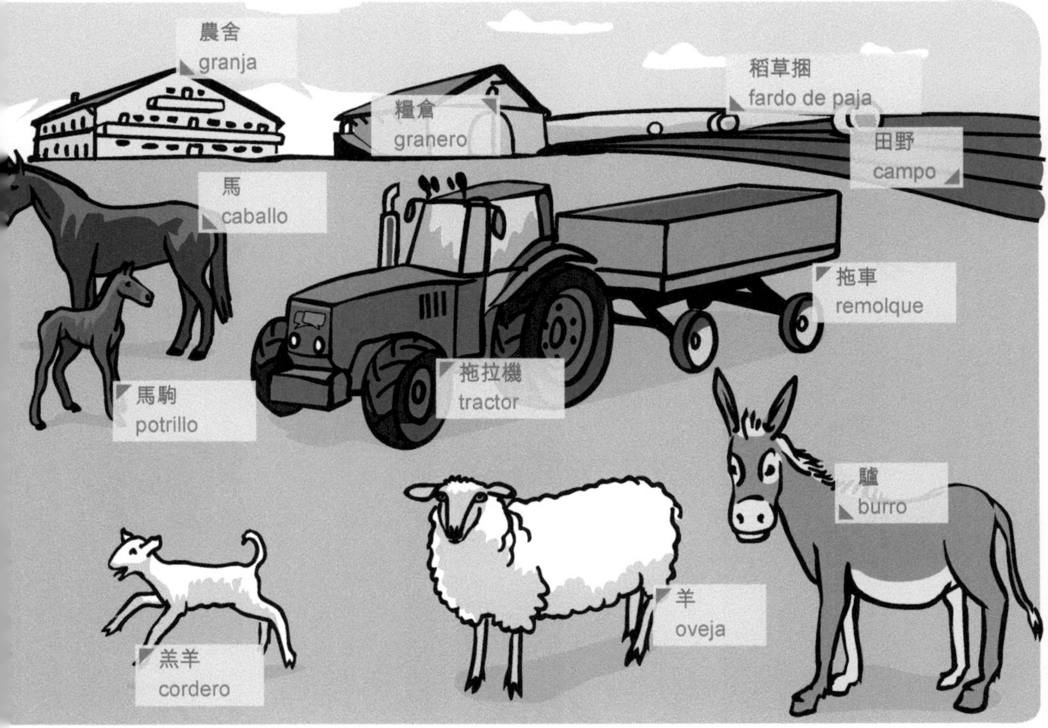
農舍
granja
糧倉
granero
稻草捆
fardo de paja
田野
campo
馬
caballo
拖車
remolque
拖拉機
tractor
馬駒
potrillo
驢
burro
羊
oveja
羔羊
cordero

山羊

cabra

奶牛

vaca

小牛

ternero

豬

cerdo

小豬

lechón

公牛

toro

鵝

ganso

鴨

pato

小雞

pollo

母雞

gallina

公雞

gallo

鼠

rata

貓

gato

老鼠

ratón

牛

buey

狗

perro

狗屋

cucha

花園澆水軟管

manguera

澆水壺

regadera

長柄大鐮刀

guadaña

犁

arado

鐮刀

hoz

鋤頭

azada

長柄草耙

horquilla

斧頭

hacha

獨輪手推車

carretilla

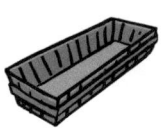

飼料槽

abrevadero

牛奶罐

lechera

麻布袋

bolsa

柵欄

reja

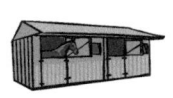

馬廄

establo

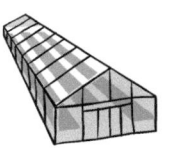

溫室

invernadero

土壤

suelo

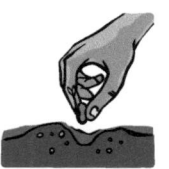

種子

semilla

肥料

fertilizador

聯合收割機

cosechadora

收割

cosechar

收割

cosecha

地瓜

batatas

小麥

trigo

大豆

soja

土豆

papa

玉米

maíz

油菜籽

semilla de colza

果樹

árbol frutal

樹薯

mandioca

穀物

cereales

房子

casa

煙囪
chimenea
屋頂
techo
落水管
caño de desagüe
窗戶
ventana
車庫
garaje
門鈴
timbre
門
puerta
垃圾桶
tacho de basura
信箱
buzón
花園
jardín

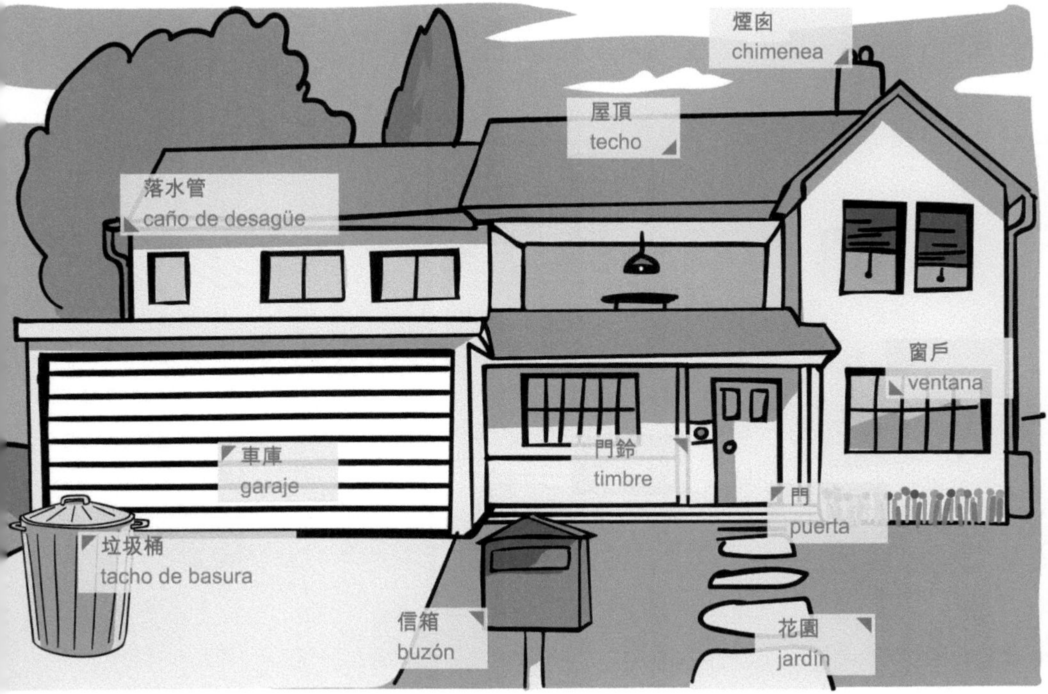

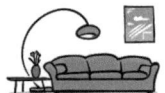

客廳

living

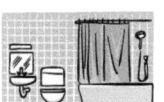

浴室

baño

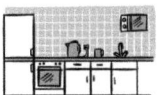

廚房

cocina

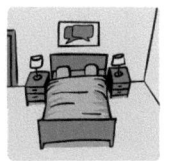

臥室

dormitorio

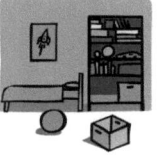

兒童房

cuarto de los chicos

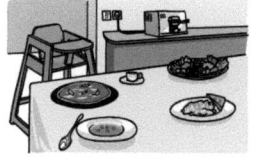

餐廳

comedor

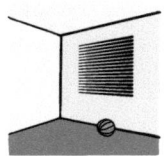

地板

piso

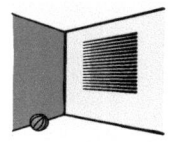

牆壁

pared

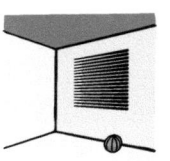

天花板

cielorraso

地窖

sótano

三溫暖

sauna

陽臺

balcón

露臺

terraza

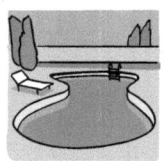

游泳池

pileta

割草機

cortadora de pasto

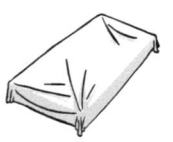

被單

sábana

床罩

acolchado

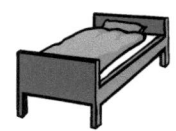

床

cama

掃帚

escoba

水桶

balde

開關

interruptor

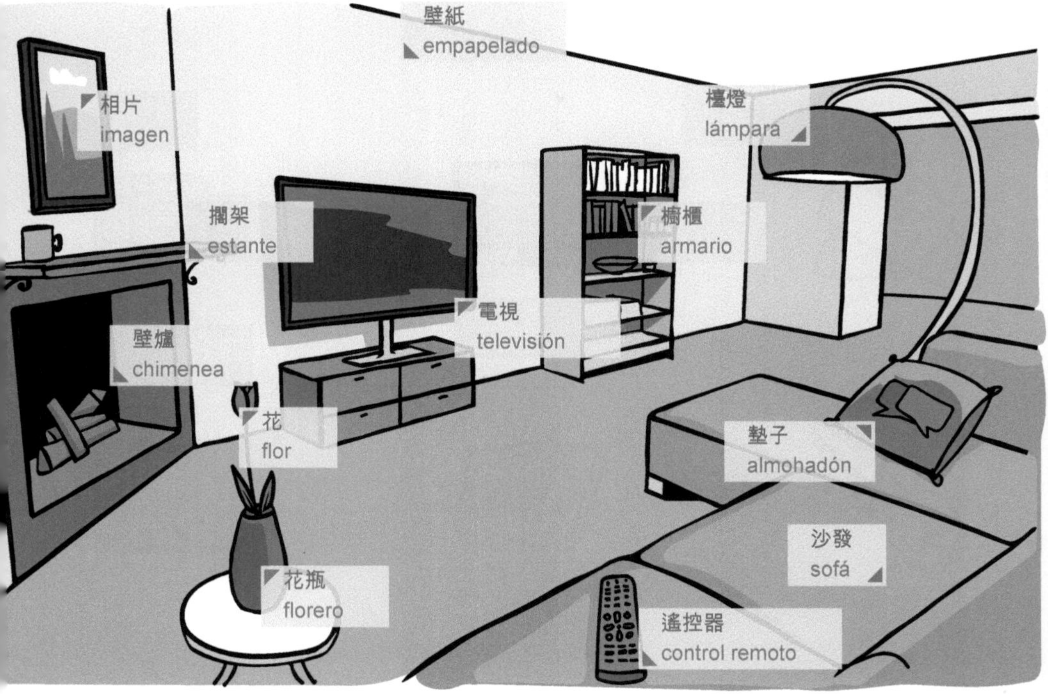

壁紙
empapelado

相片
imagen

檯燈
lámpara

擱架
estante

櫥櫃
armario

壁爐
chimenea

電視
televisión

花
flor

墊子
almohadón

沙發
sofá

花瓶
florero

遙控器
control remoto

地毯

alfombra

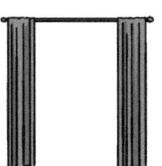

窗簾

cortina

餐桌

mesa

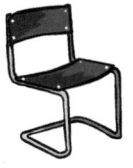

椅子

silla

搖椅

mecedora

扶手椅

sillón

書
libro

毯子
frazada

裝飾品
decoración

木柴
leña

電影
película

高傳真音響
equipo de música

鑰匙
llave

報紙
diario

油畫
pintura

海報
póster

收音機
radio

筆記本
cuaderno

吸塵器
aspiradora

仙人掌
cactus

蠟燭
vela

廚房
cocina

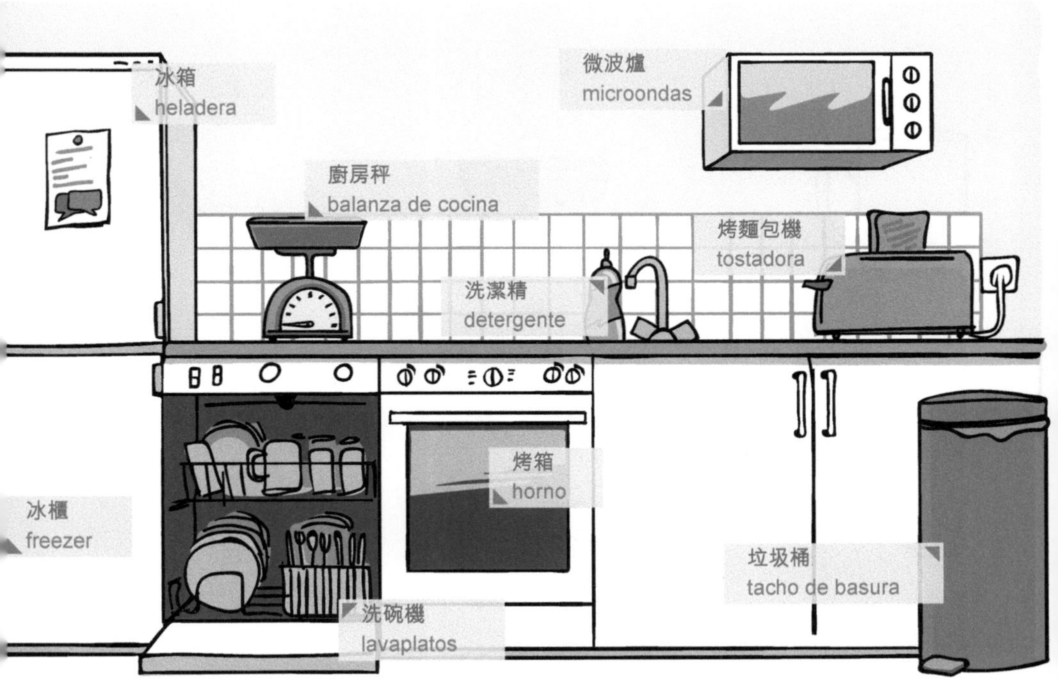

冰箱
heladera
微波爐
microondas
廚房秤
balanza de cocina
烤麵包機
tostadora
洗潔精
detergente
烤箱
horno
冰櫃
freezer
垃圾桶
tacho de basura
洗碗機
lavaplatos

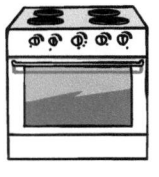

炊具

cocina

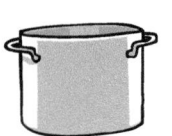

鍋

olla

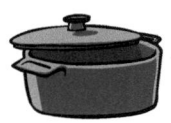

鑄鐵鍋

olla de hierro fundido

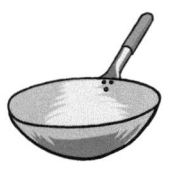

炒鍋

wok

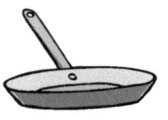

平底鍋

sartén

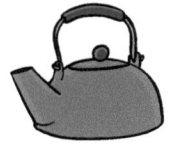

水壺

pava

蒸鍋

vaporera

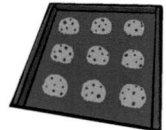

烤盤

bandeja de horno

陶瓷鍋

vajilla

馬克杯

taza

碗

bol

筷子

palitos

長柄勺

cucharón

鏟子

estpátula

攪拌器

batidora

濾網

colador

篩子

colador

磨碎機

rallador

研缽

mortero

燒烤

parrilla

明火

fogata

菜板

tabla de picar

擀麵杖

palo de amasar

開瓶器

sacacorchos

罐子

lata

開罐器

abrelatas

隔熱手套

manopla

水槽

pileta

刷子

cepillo

海綿

esponja

攪拌機

batidora

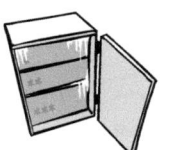

冷藏箱

congelador

奶瓶

mamadera

水龍頭

canilla

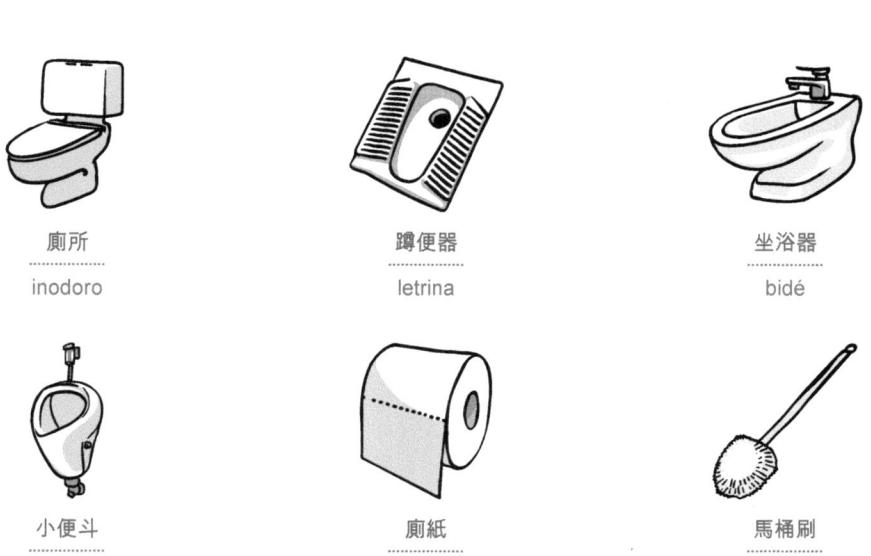

浴室

baño

淋浴
ducha
供暖裝置
calefacción
毛巾
toalla
浴簾
cortina de ducha
泡沫浴
baño de espuma
浴缸
bañadera
玻璃杯
vaso
洗衣機
lavarropas
水龍頭
canilla
瓷磚
baldosas
便壺
pelela
水槽
pileta

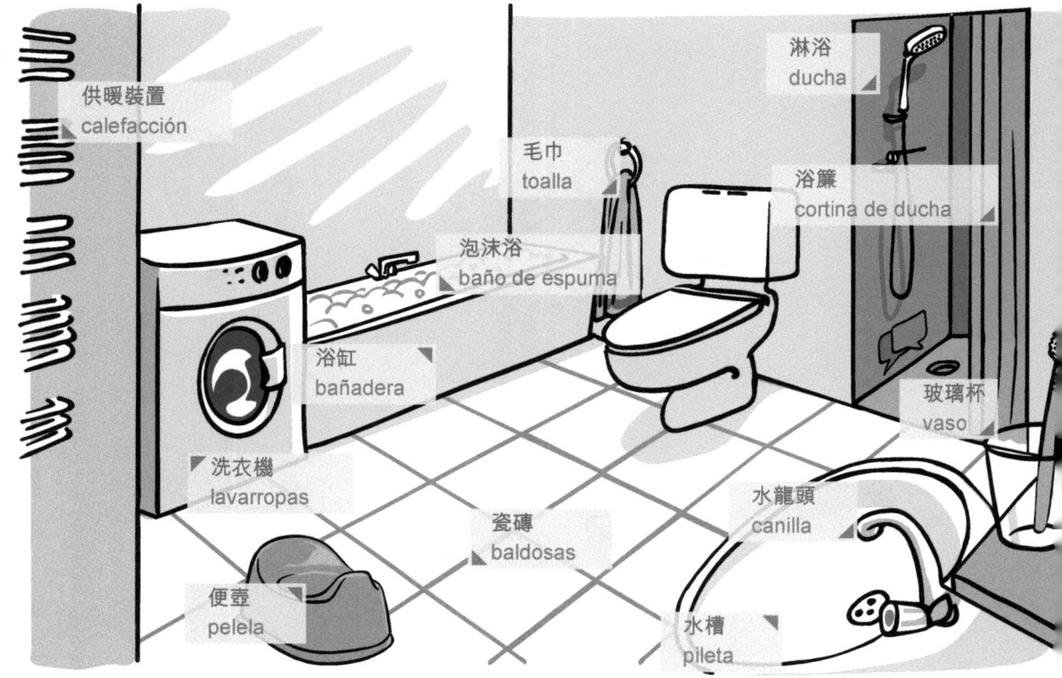

廁所

inodoro

蹲便器

letrina

坐浴器

bidé

小便斗

mingitorio

廁紙

papel higiénico

馬桶刷

cepillo para el inodoro

牙刷

cepillo de dientes

牙膏

dentífrico

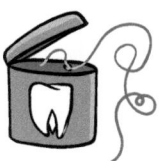

牙線

hilo dental

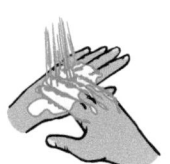

洗

lavar

手持式蓮蓬頭

ducha de mano

沖洗器

ducha higiénica

洗臉盆

palangana

洗背刷

cepillo para espalda

肥皂

jabón

沐浴露

gel de ducha

洗髮乳

shampoo

法蘭絨

toallita

排水

desagüe

乳霜

crema

除臭劑

desodorante

鏡子

espejo

手鏡

espejito

刮鬍刀

maquinita de afeitar

刮鬍泡沫

espuma de afeitar

鬍後水

aftershave

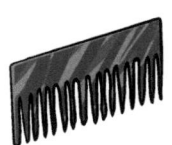

梳子

peine

刷子

cepillo

吹風機

secador de pelo

噴髮定型劑

spray

化妝品

maquillaje

唇膏

lápiz de labios

指甲油

esmalte para uñas

化妝棉

algodón

指甲剪

tijera para uñas

香水

perfume

洗漱包

portacosméticos

凳子

banqueta

計重秤

balanza

浴袍

bata

橡膠手套

guantes de goma

衛生棉條

tampón

衛生棉

toallita femenina

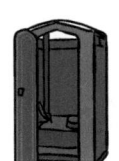

化學廁所

baño químico

兒童房

cuarto de los chicos

鬧鐘
despertador
毛絨玩具
peluche
玩具車
coche de juguete
撥浪鼓
sonajero
玩具屋
casa de muñecas
禮物
regalo

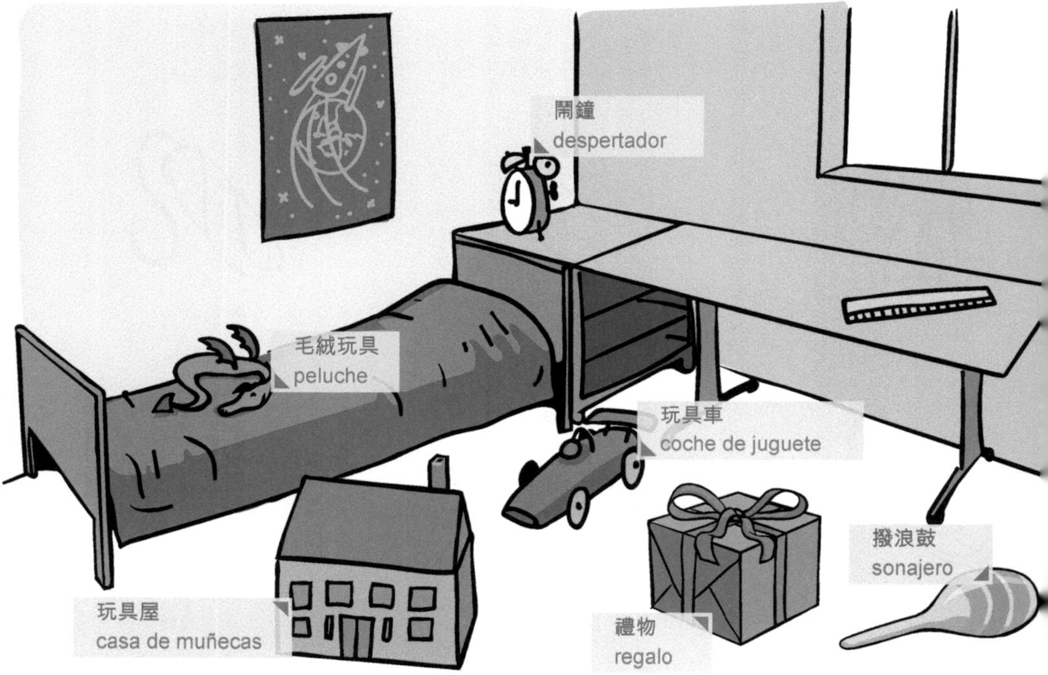

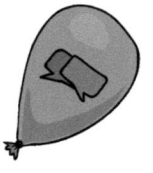

氣球

globo

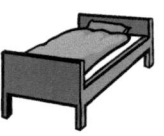

床

cama

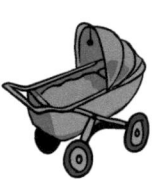

嬰兒車

cochecito

撲克牌

cartas

拼圖

rompecabezas

SUPER
MEGA

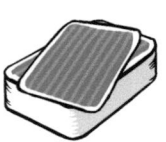

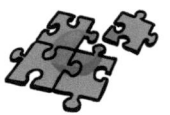

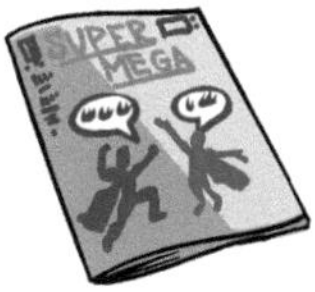

漫畫

historieta

樂高積木

piezas de lego

積木玩具

ladrillos de juguete

公仔

figura de acción

嬰兒服

enterito (de bebé)

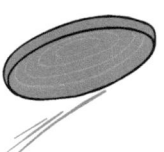

飛盤

frisbee

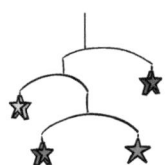

床鈴玩具

móvil para bebés

棋盤遊戲

juego de mesa

骰子

dados

火車模型

tren eléctrico

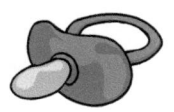

安撫奶嘴

chupete

派對

fiesta

繪本

libro de cuentos ilustrado

球

pelota

洋娃娃

muñeca

玩

jugar

沙坑

arenero

鞦韆

hamaca

玩具

juguetes

電玩遊戲

consola de videojuegos

三輪車

triciclo

泰迪熊

osito de peluche

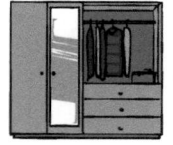

衣櫃

armario

衣服

ropa

襪子

medias

長襪

medias panty

緊身褲

calzas

圍巾
bufanda

雨傘
paraguas

T恤
remera

皮帶
cinturón

靴子
botas

拖鞋
pantuflas

運動鞋
zapatillas

涼鞋
sandalias

鞋
zapatos

雨靴
botas de goma

內褲
ropa interior

胸罩
corpiño

背心
chaleco

身體

body

褲子

pantalones

牛仔褲

jeans

短裙

pollera

女式襯衫

blusa

襯衫

camisa

套頭衫

pulóver

連帽上衣

buzo

西裝夾克

blazer

夾克

campera

外套

tapado

雨衣

piloto

套裝

traje

連衣裙

vestido

婚紗

vestido de novia

西裝

traje

睡袍

camisón

睡衣

pijama

莎麗

sari

頭巾

pañuelo para cabeza

包頭巾

turbante

波卡

burka

卡夫坦

caftán

(阿拉伯式)長袍

abaya

泳衣

traje de baño

男式泳褲

short de baño

短褲

shorts

運動服

jogging

圍裙

delantal

手套

guantes

鈕扣

botón

眼鏡

anteojos

手鏈

pulsera

項鍊

collar

戒指

anillo

耳環

aro

便帽

gorra

衣架

percha

帽子

sombrero

領帶

corbata

拉鍊

cierre

安全帽

casco

背帶

tiradores

校服

uniforme escolar

制服

uniforme

圍兜
babero

安撫奶嘴
chupete

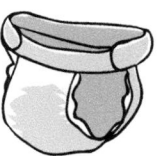

尿布
pañal

辦公室
oficina

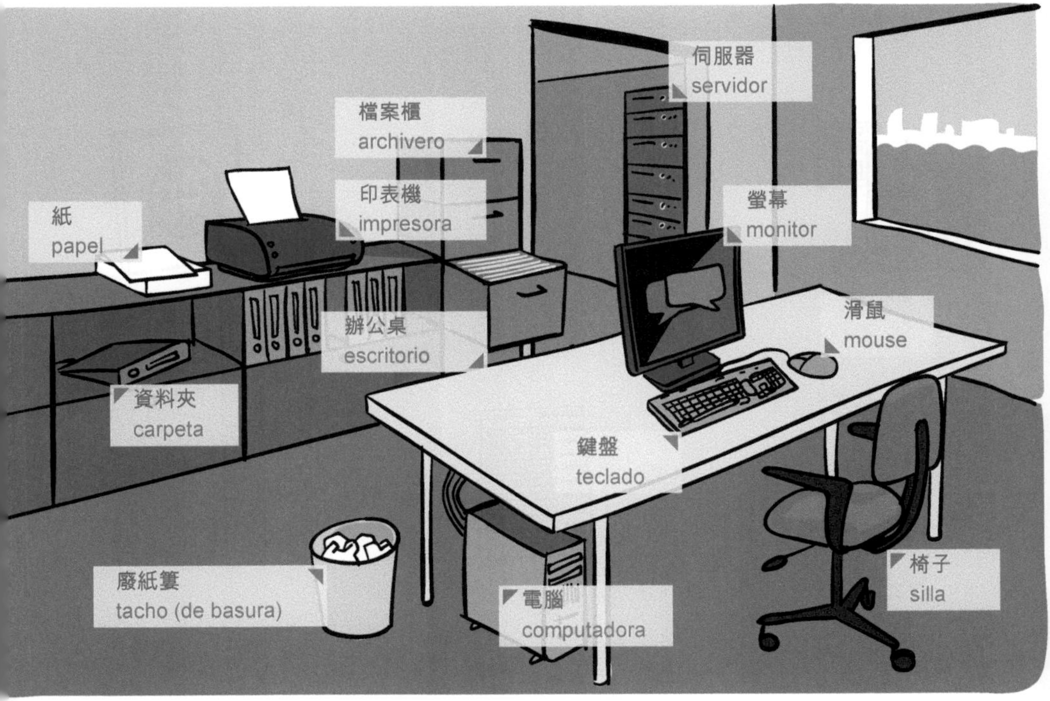

伺服器
servidor

檔案櫃
archivero

印表機
impresora

螢幕
monitor

紙
papel

辦公桌
escritorio

滑鼠
mouse

資料夾
carpeta

鍵盤
teclado

廢紙簍
tacho (de basura)

電腦
computadora

椅子
silla

咖啡杯
taza de café

計算機
calculadora

網際網路
internet

筆記型電腦
laptop

信件
carta

簡訊
mensaje

行動電話
celular

網路
red

影印機
fotocopiadora

軟體
software

電話
teléfono

插座
tomacorriente

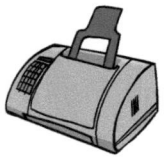

傳真機
fax

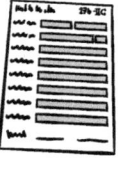

表格
formulario

檔案
documento

買

comprar

付錢

pagar

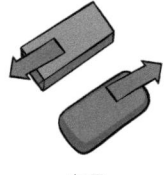

交易

hacer negocios

現金

dinero

美元

dólar

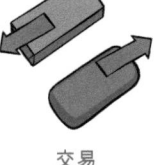

歐元

euro

日元

yen

盧布

rublo

瑞士法郎

franco suizo

人民幣

yuan

盧比

rupia

提款處

cajero automático

外幣兌換處

casa de cambio

金

oro

銀

plata

石油

petróleo

能源

energía

價格

precio

合約

contrato

稅金

impuesto

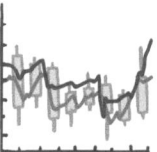

股票

acción

工作

trabajar

職員

empleado

老闆

empleador

工廠

fábrica

商店

negocio

職業

ocupaciones

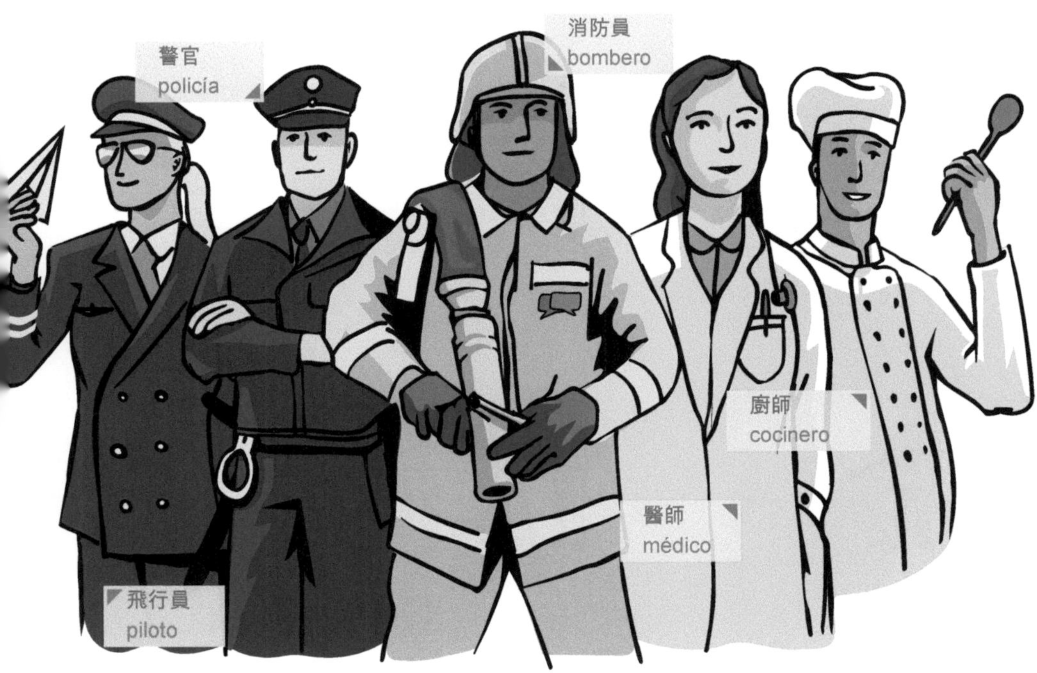

警官
policía
消防員
bombero
廚師
cocinero
醫師
médico
飛行員
piloto

園丁

jardinero

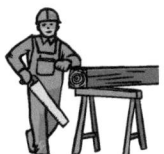

木匠

carpintero

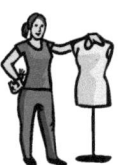

裁縫

modista

法官

juez

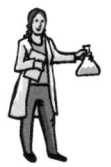

化學家

farmacéutico

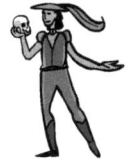

演員

actor

公車司機

colectivero

計程車司機

taxista

漁夫

pescador

清洗女工

mucama

屋頂工

techista

服務生

mozo

獵人

cazador

畫家

pintor

麵包師

panadero

電工

electricista

建築工人

albañil

工程師

ingeniero

屠夫

carnicero

水管工

plomero

郵差

cartero

士兵

soldado

建築師

arquitecto

收銀員

cajero

花農

florista

理髮師

peluquero

售票員

cobrador

機械技師

mecánico

船長

capitán

牙醫

dentista

科學家

científico

拉比

rabino

伊瑪目

imán

和尚

monje

牧師

sacerdote

工具
herramientas

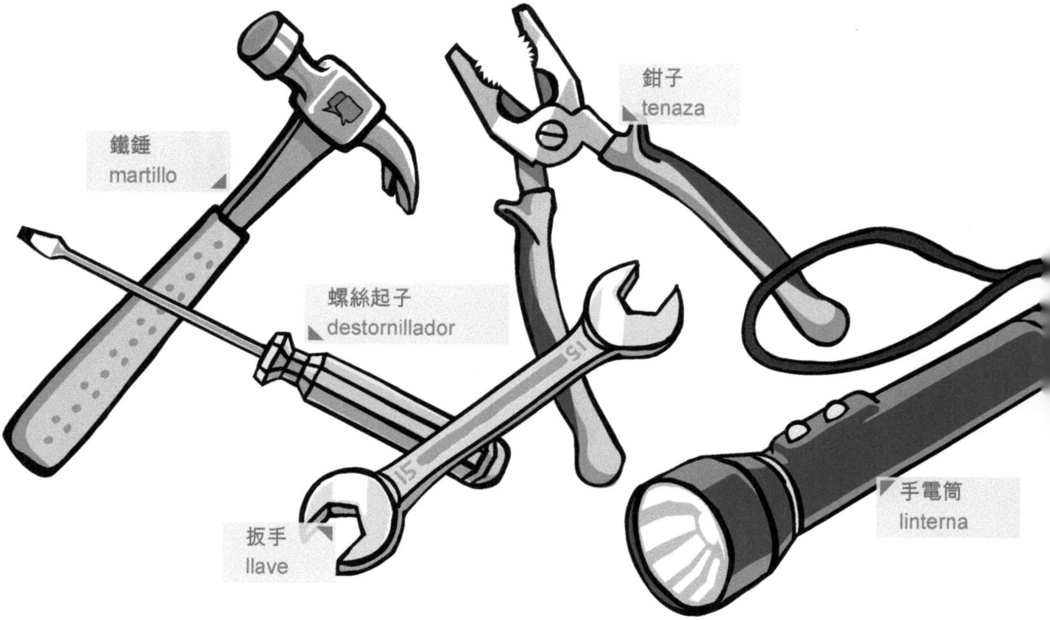
鐵錘
martillo
鉗子
tenaza
螺絲起子
destornillador
扳手
llave
手電筒
linterna

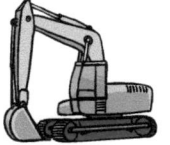

挖掘機

excavadora

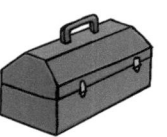

工具箱

caja de herramientas

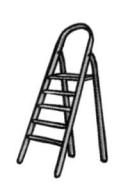

梯子

escalera portátil

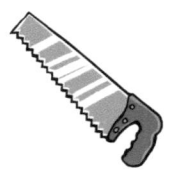

鋸子

sierra

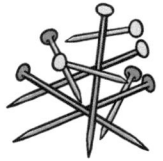

釘子

clavos

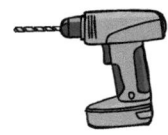

鑽機

taladro

修
....
arreglar

鏟子
....
pala de jardín

糟糕！
....
¡Qué bronca!

畚箕
....
pala de plástico

油漆桶
....
tacho de pintura

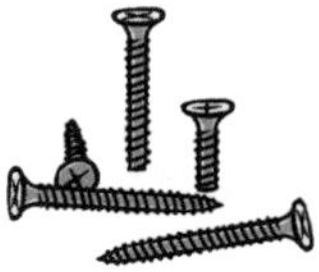

螺絲
....
tornillos

樂器

instrumentos musicales

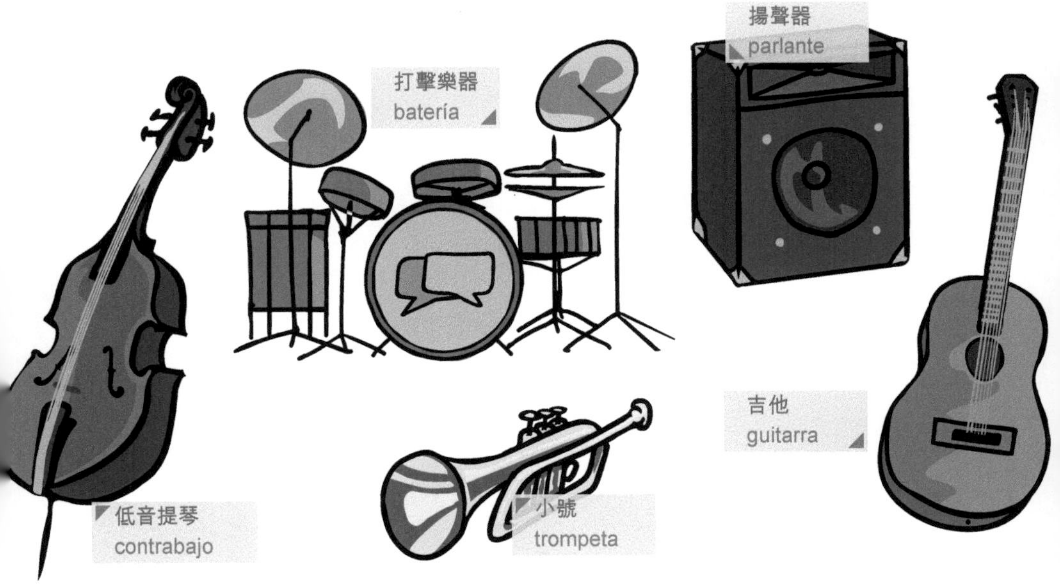

打擊樂器
batería

揚聲器
parlante

低音提琴
contrabajo

小號
trompeta

吉他
guitarra

鋼琴

piano

小提琴

violín

貝斯

bajo

定音鼓

timbales

鼓

tambor

電子琴

teclado

薩克斯風

saxofón

長笛

flauta

麥克風

micrófono

動物園

zoológico

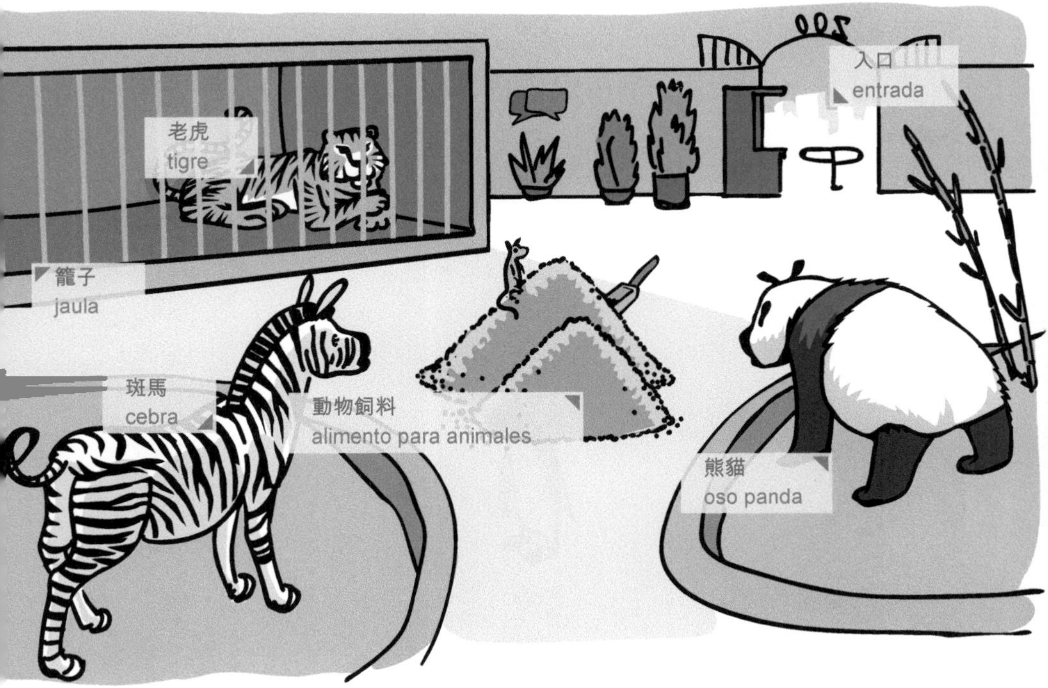

老虎
tigre
入口
entrada
籠子
jaula
斑馬
cebra
動物飼料
alimento para animales
熊貓
oso panda

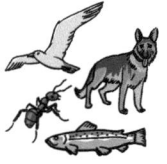

動物

animales

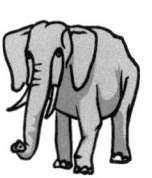

大象

elefante

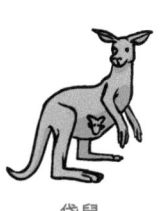

袋鼠

canguro

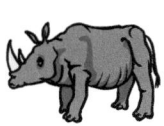

犀牛

rinoceronte

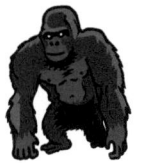

大猩猩

gorila

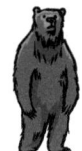

熊

oso

駱駝

camello

鴕鳥

avestruz

獅子

león

猴子

mono

紅鶴

flamenco

鸚鵡

loro

北極熊

oso polar

企鵝

pingüino

鯊魚

tiburón

孔雀

pavo real

蛇

serpiente

鱷魚

cocodrilo

動物園管理員

cuidador del zoológico

海豹

foca

美洲豹

jaguar

矮種馬

poni

豹

leopardo

河馬

hipopótamo

長頸鹿

jirafa

老鷹

águila

野豬

jabalí

魚

pescado

龜

tortuga

海象

morsa

狐狸

zorro

羚羊

gacela

動物園 - zoológico

橄欖球
fútbol americano

騎腳踏車
ciclismo

網球
tenis

籃球
básquet

游泳
natación

拳擊
boxeo

冰球
hockey sobre hielo

美式足球
fútbol

羽毛球
bádminton

田徑
atletismo

手球
handball

滑雪
esquí

馬球
polo

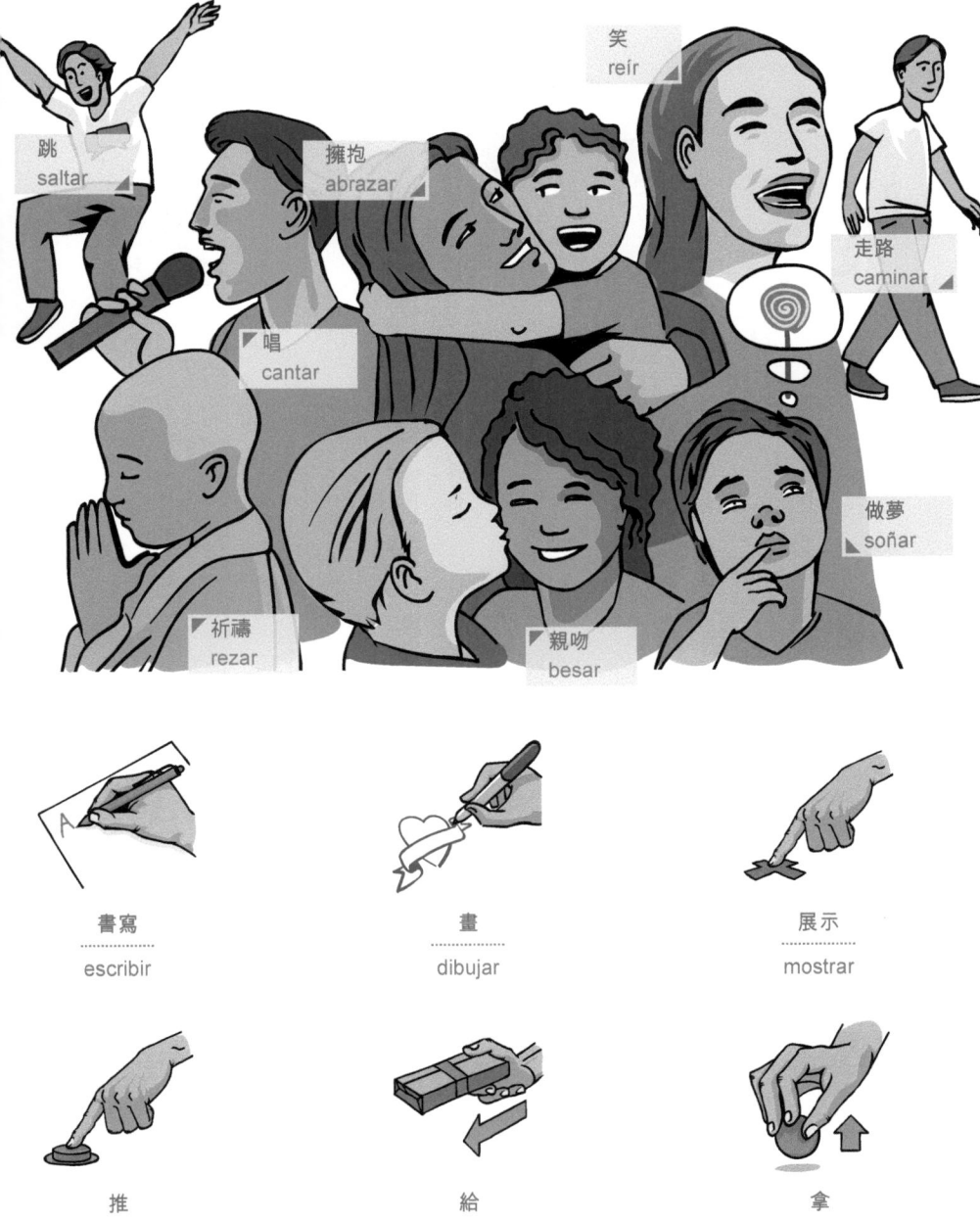

跳
saltar

擁抱
abrazar

笑
reír

走路
caminar

唱
cantar

做夢
soñar

祈禱
rezar

親吻
besar

書寫
escribir

畫
dibujar

展示
mostrar

推
presionar

給
dar

拿
tomar

有
tener

做
hacer

當
ser

站
estar parado

跑
correr

拉
tirar

丟
tirar

摔倒
caer

躺
estar acostado

等待
esperar

攜帶
llevar

坐
estar sentado

穿衣
vestirse

睡覺
dormir

醒來
despertar

看

mirar

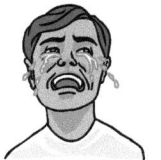

哭

llorar

擊

acariciar

梳頭

peinar

交談

hablar

明白

entender

問

preguntar

聽

escuchar

喝

beber

吃

comer

清理

ordenar

愛

amar

做飯

cocinar

開車

manejar

飛

volar

航行

navegar

計算

calcular

讀

leer

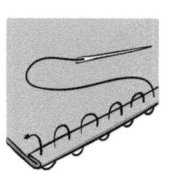

學習

aprender

工作

trabajar

結婚

casarse

縫

coser

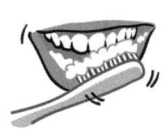

刷牙

cepillarse los dientes

殺

matar

抽菸

fumar

寄

enviar

祖母
abuela

祖父
abuelo

父親
padre

母親
madre

嬰兒
bebé

女兒
hija

兒子
hijo

客人

invitado

阿姨

tía

叔叔

tío

兄弟

hermano

姐妹

hermana

cuerpo

前額
▶ frente

眼睛
ojo

臉
cara ▶

下巴
pera

乳房
pecho ◢

肩膀
hombro ◣

手指
dedo ◣

手
mano

手臂
brazo

腿
pierna ◣

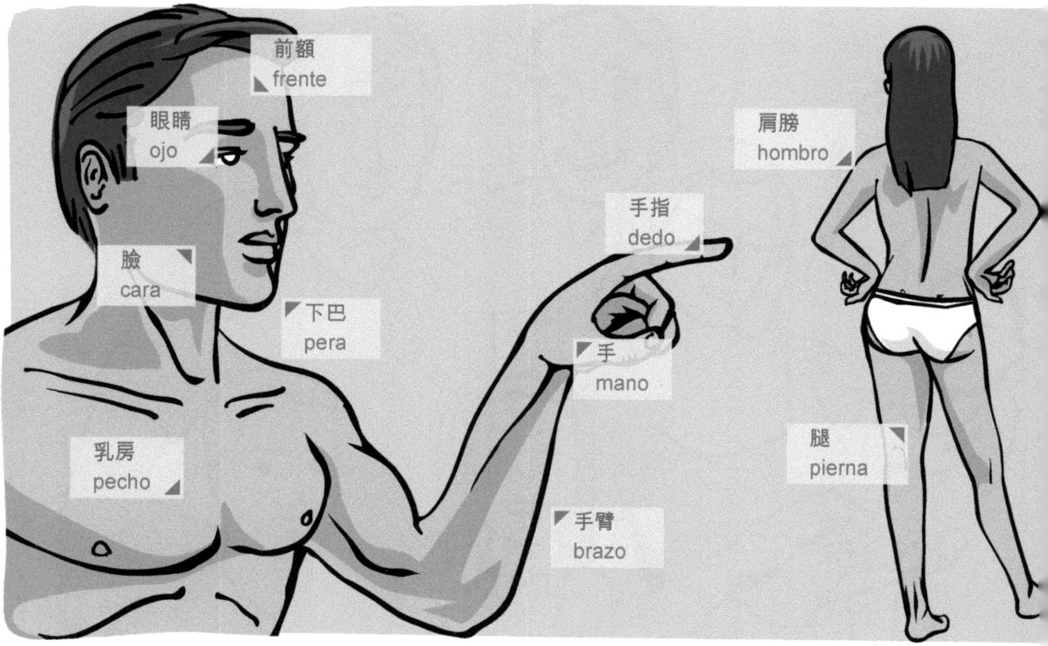

嬰兒

bebé

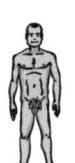

男人

hombre

女人

mujer

女孩

nena

男孩

nene

頭

cabeza

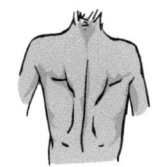

背部
espalda

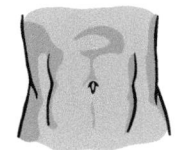

肚子
panza

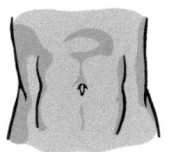

肚臍
ombligo

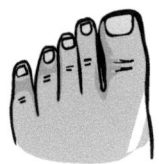

腳趾
dedo del pie

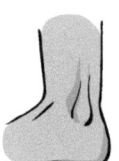

腳後跟
talón

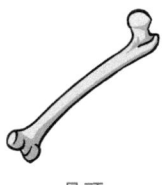

骨頭
hueso

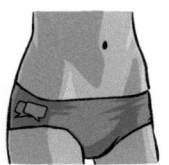

臀部
cadera

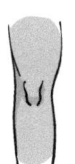

膝蓋
rodilla

手肘
codo

鼻子
nariz

屁股
cola

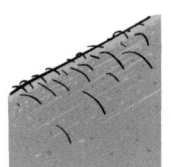

皮膚
piel

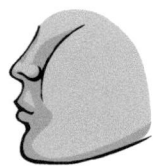

臉頰
cachete

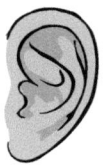

耳朵
oreja

嘴唇
labio

嘴
boca

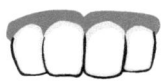

牙齒
diente

舌頭
lengua

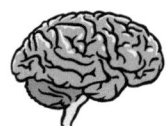

腦
cerebro

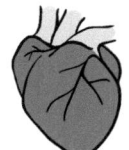

心臟
corazón

肌肉
músculo

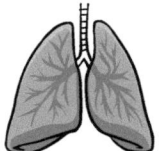

肺
pulmón

肝臟
hígado

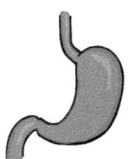

胃
estómago

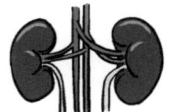

腎臟
riñones

性交
sexo

保險套
preservativo

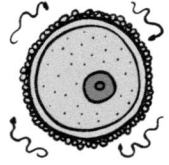

卵子
óvulo

精子
semen

懷孕
embarazo

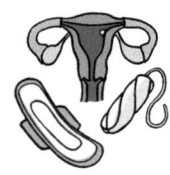

月事

menstruación

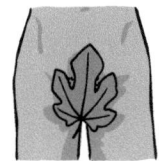

陰道

vagina

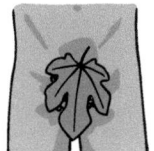

陰莖

pene

眉毛

ceja

頭髮

pelo

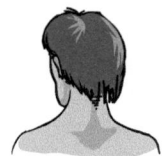

脖子

cuello

身體 - cuerpo

醫院
hospital

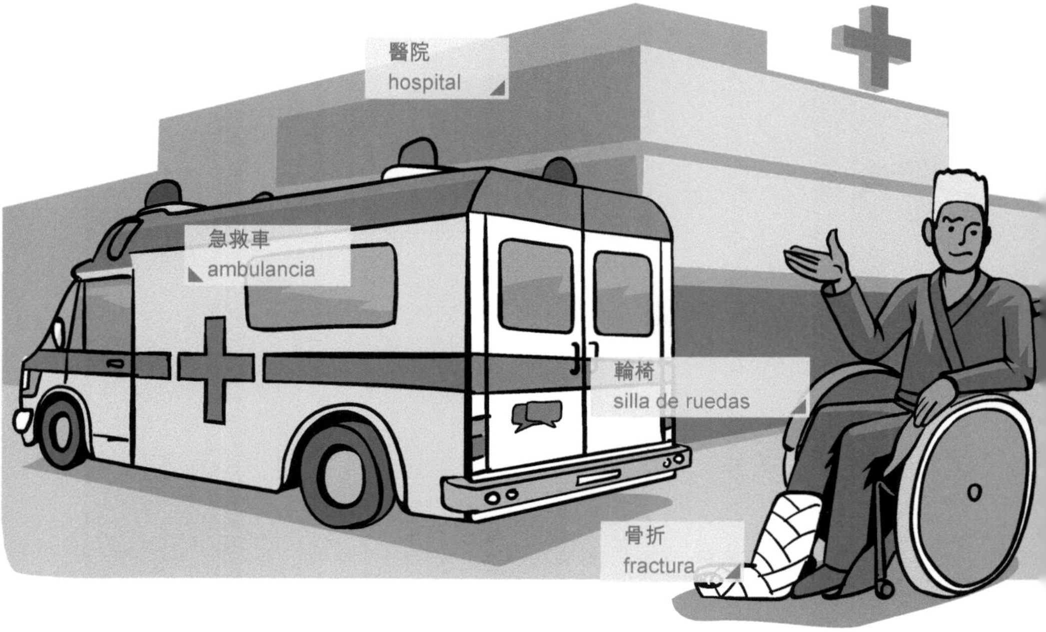

醫院
hospital

急救車
ambulancia

輪椅
silla de ruedas

骨折
fractura

醫師

médico

急診室

sala de guardia

護理師

enfermera

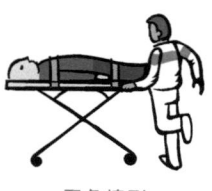

緊急情形

emergencia

昏迷

inconsciente

痛

dolor

受傷
lesión

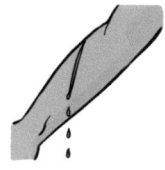

出血
hemorragia

心臟病發作
infarto

中風
ACV

過敏
alergia

咳嗽
tos

發燒
fiebre

流感
gripe

腹瀉
diarrea

頭痛
dolor de cabeza

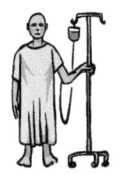

癌症
cáncer

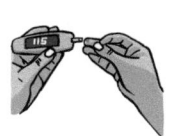

糖尿病
diabetes

外科醫師
cirujano

手術刀
bisturí

手術
operación

電腦斷層掃描

TC

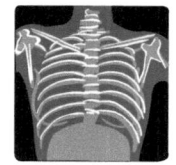

X光

rayos x

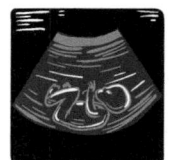

超音波

ecografía

口罩

barbijo

疾病

enfermedad

候診室

sala de espera

拐杖

muleta

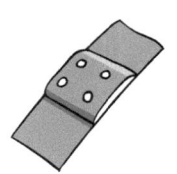

石膏

curita

繃帶

venda

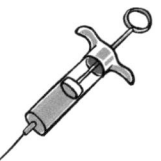

注射

inyección

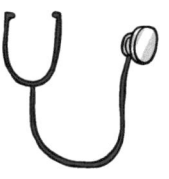

聽診器

estetoscopio

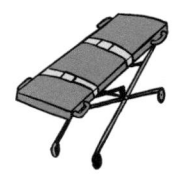

擔架

camilla

體溫計

termómetro

出生

nacimiento

超重

sobrepeso

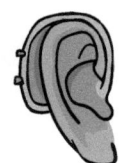

助聽器

audífono

消毒液

desinfectante

感染

infección

病毒

virus

愛滋病

VIH / SIDA

藥物

remedio

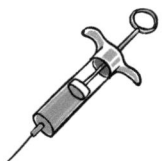

接種疫苗

vacunación

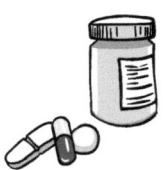

藥片

comprimidos

藥丸

pastilla anticonceptiva

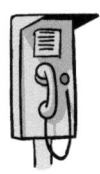

急救電話

llamada de emergencia

血壓計

tensiómetro

生病/健康

enfermo / sano

救命！

¡Ayuda!

警報

alarma

突擊

agresión

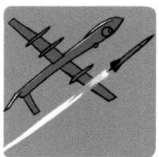

攻擊

ataque

危險

peligro

緊急出口

salida de emergencia

失火了！

¡Fuego!

滅火器

matafuego

意外

accidente

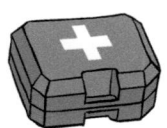

急救箱

botiquín de primeros
auxilios

呼救訊號

SOS

員警

policía

歐洲

Europa

北美洲

América del Norte

南美洲

América del Sur

非洲

África

亞洲

Asia

澳洲

Australia

大西洋

Atlántico

太平洋

Pacífico

印度洋

Océano Índico

南冰洋

Océano Antártico

北冰洋

Océano Ártico

北極

polo norte

南極

polo sur

南極洲

Antártida

地球

Tierra

陸地

tierra

海

mar

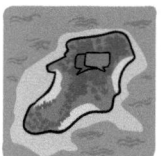

島

isla

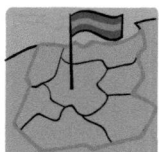

國家

nación

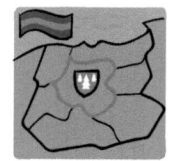

州

estado

錶盤

esfera

時針

manecilla de las horas

分針

minutero

秒針

segundero

現在幾點？

¿Qué hora es?

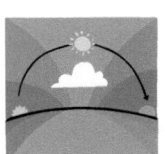

天

día

時間

hora

現在

ahora

電子錶

reloj digital

分

minuto

時

hora

週

semana

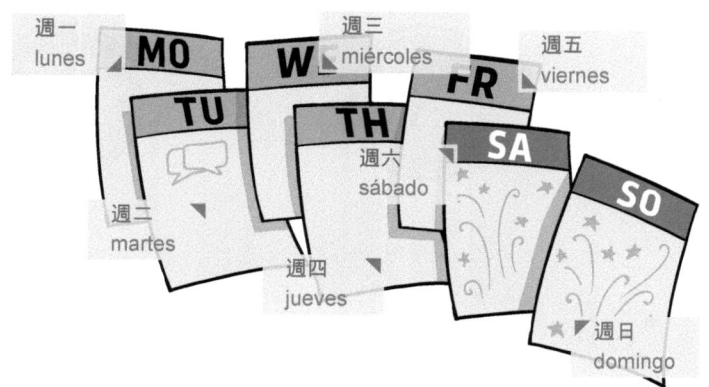

週一 lunes
週三 miércoles
週五 viernes
週二 martes
週四 jueves
週六 sábado
週日 domingo

昨天
ayer

今天
hoy

明天
mañana

早晨
mañana

中午
mediodía

晚上
tarde

MO	TU	WE	TH	FR	SA	SU
1	2	3	4	5	6	7
8	9	10	11	12	13	14
15	16	17	18	19	20	21
22	23	24	25	26	27	28
29	30	31	1	2	3	4

工作日
días hábiles

MO	TU	WE	TH	FR	SA	SU
1	2	3	4	5	6	7
8	9	10	11	12	13	14
15	16	17	18	19	20	21
22	23	24	25	26	27	28
29	30	31	1	2	3	4

週末
fin de semana

年

año

雨
lluvia
彩虹
arco iris
風
viento
雪
nieve
春
primavera
秋
otoño
夏
verano
冬
invierno

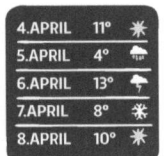

4.APRIL 11°
5.APRIL 4°
6.APRIL 13°
7.APRIL 8°
8.APRIL 10°

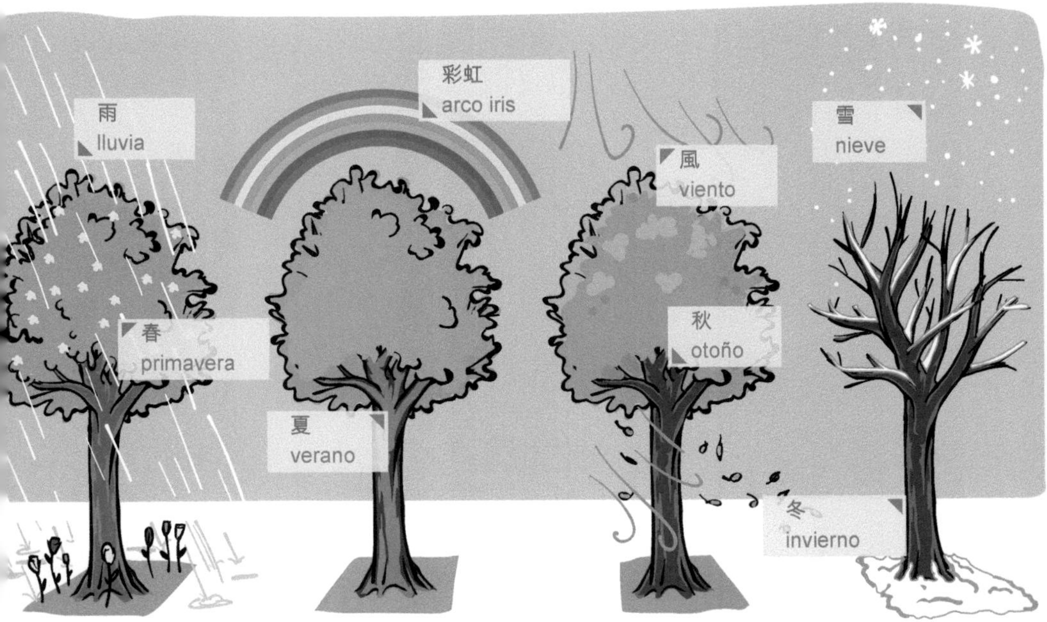

天氣預告

pronóstico meteorológico

F
C
120
90
60
30
0
-30
40
30
20
10
0
-10
-20

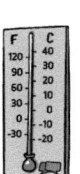

溫度計

termómetro

陽光

luz del sol

雲

nube

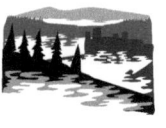

霧

niebla

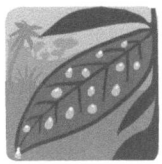

潮濕

humedad

閃電

rayo

打雷

trueno

風暴

tormenta

冰雹

granizo

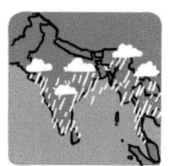

季風

monzón

洪水

inundación

冰

hielo

一月

enero

二月

febrero

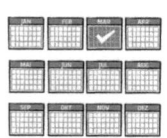

三月

marzo

四月

abril

五月

mayo

六月

junio

七月

julio

八月

agosto

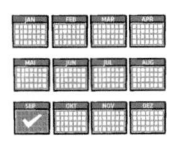

九月
septiembre

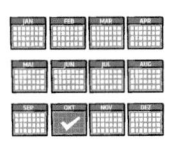

十月
octubre

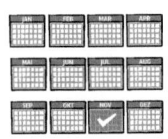

十一月
noviembre

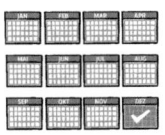

十二月
diciembre

形狀
formas

圓形
círculo

正方形
cuadrado

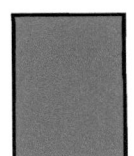

長方形
rectángulo

三角形
triángulo

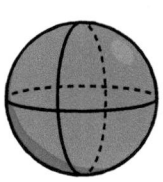

球體
esfera

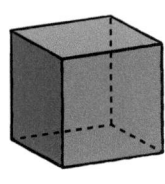

立方體
cubo

白

blanco

黃

amarillo

橙

naranja

粉

rosa

紅

rojo

紫

violeta

藍

azul

綠

verde

棕

marrón

灰

gris

黑

negro

很多/少許

mucho / poco

生氣/平靜

enojado / tranquilo

美/醜

lindo / feo

首/尾

principio / fin

大/小

grande / chico

明/暗

claro / oscuro

兄弟/姐妹

hermano / hermana

乾淨/骯髒

limpio / sucio

完整/缺失

completo / incompleto

白天/晚上

día / noche

死/生

muerto / vivo

寬/窄

ancho / angosto

可食用/非食用

comestible / no comestible

邪惡/善良

malo / amable

興奮/無聊

entusiasmado / aburrido

胖/瘦

gordo / flaco

第一/最後

primero / último

朋友/敵人

amigo / enemigo

滿/空

lleno / vacío

硬/軟

duro / blando

重/輕

pesado / liviano

餓/渴

hambre / sed

生病/健康

enfermo / sano

非法/合法

ilegal / legal

聰明/愚笨

inteligente / estúpido

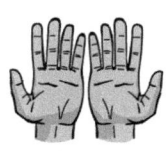

左/右

izquierda / derecha

近/遠

cerca / lejos

新/舊

nuevo / usado

沒有/有些

nada / algo

老/幼

viejo / joven

開/關

encendido / apagado

打開/闔上

abierto / cerrado

安靜/吵鬧

silencioso / ruidoso

富/窮

rico / pobre

對/錯

correcto / incorrecto

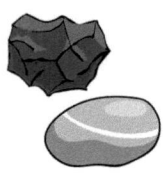

粗糙/光滑

áspero / suave

傷心/高興

triste / contento

短/長

corto / largo

慢/快

lento / rápido

濕/乾

mojado / seco

溫暖/涼爽

caliente / frío

戰爭/和平

guerra / paz

0

零

cero

1

一

uno

2

二

dos

3

三

tres

4

四

cuatro

5

五

cinco

6

六

seis

7

七

siete

8

八

ocho

9

九

nueve

10

十

diez

11

十一

once

12
十二
doce

13
十三
trece

14
十四
catorce

15
十五
quince

16
十六
dieciséis

17
十七
diecisiete

18
十八
dieciocho

19
十九
diecinueve

20
二十
veinte

100
百
cien

1.000
千
mil

1.000.000
百萬
millón

英語

inglés

美式英語

inglés americano

普通話

chino mandarín

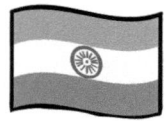

印地語

hindi

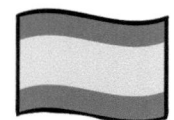

西班牙語

español

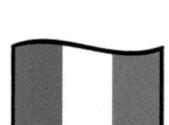

法語

francés

阿拉伯語

árabe

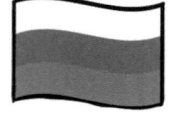

俄語

ruso

葡萄牙語

portugués

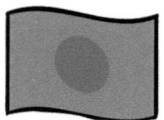

孟加拉語

bengalí

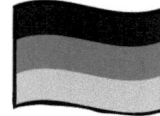

德語

alemán

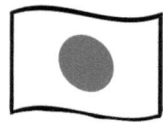

日語

japonés

我
yo

你
vos

他/她/它
él / ella

我們
nosotros

你們
ustedes

他們
ellos

誰？
¿quién?

什麼？
¿qué?

如何？
¿cómo?

何處？
¿dónde?

何時？
¿cuándo?

名字
nombre

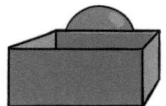

後面

detrás

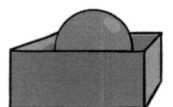

裡面

en

前面

adelante de

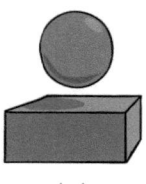

上方

por encima de

上面

sobre

下麵

debajo de

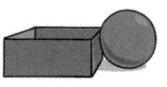

旁邊

al lado de

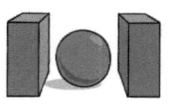

中間

entre

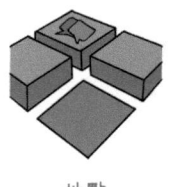

地點

lugar